W.i.t.c.h.

Will Irma Taranee Cornelia Hay Lin

100 idées magiques pour s'amuser en vacances

Pour un été inoubliable
du début à la fin

HACHETTE
Jeunesse

Série créée par Elisabetta Gnome.

Publié pour la première fois par Buena Vista sous le titre Cento magie per divertirsi in vacanza

Adaptation française : Maria Grazzini

ISBN : 201224599 4
Dépôt légal n°45506 Mai 2004
Loi n°49-956 du 16 juillet 1949 sur les publications destinées à la jeunesse.
Imprimé et relié en France par ***Partenaires-Livres***® (JL)

Sommaire

chapitre un 7

Enfin, les vacances !

Le plus beau jour d'école : le dernier !

chapitre deux 14

Les vacances commencent à la maison, mais…

Comment concilier détente et impératifs familiaux ?

chapitre trois 22

La grande question « Où allons-nous, cette année ? »

Choisir ensemble la destination des vacances sans se disputer chapitre quatre 28

L'art de faire ses bagages

Tuyaux et suggestions pour survivre à cette tâche

chapitre cinq 33

Voyages pour tous les goûts

Découvertes et rencontres selon le moyen de transport

chapitre six 40

Mer ou montagne ?

Le pour et le contre des vacances au bord de la mer et en altitude

chapitre sept 47

Vacances à l'étranger

Conseils pour un voyage à l'étranger, sans papa ni maman

Test 54

Quelle voyageuse es-tu ?

chapitre huit 58

Vacances avec les parents

Sont-elles forcément pénibles ?

chapitre **neuf** 65

Seules en vacances

Sans les parents c'est super, mais...

chapitre **dix** 71

Loin de « lui »...

Flirts, rencontres et big love...

chapitre **onze** 76

Vacances en ville

Une destination touristique insoupçonnée : ta propre ville !

chapitre **douze** 82

Il y a aussi les devoirs...

Comment les faire sans gâcher ses vacances

chapitre **treize** 89

Photos souvenir

Clic, c'est l'été !

Test 92

C'est moi qui organise les vacances !

Chapitre Un

Enfin, les vacances !

VIE DE WITCH

Dernier jour d'école, récré à l'Institut Sheffield

I : Plus que deux heures et c'est fini, fini, fini !

W : On le sait, Irma, tu peux arrêter de nous casser les oreilles.

H : Dur, dur. . elle est dans cet état depuis ce matin huit heures et n'a pas l'air de vouloir arrêter. .

C : Y a-t-il un remède ?

I : Bien sûr, les vacances ! Deux mois sans se réveiller le matin, sans devoirs à faire...

H : Quel est donc ton programme pour les prochains jours, Irma ?

I : Dormir, me reposer, faire une petite sieste. .

C : Et après ?

I : Après quoi ?

W : Tu ne vas pas passer toutes tes journées à dormir !

I : Tu paries ? Tu me connais, si je veux. .

Je pulvérise des records !

H : Je n'en doute pas, mais pourquoi, au contraire, ne ferions-nous pas quelque chose ensemble ? À l'école, nous rêvons d'avoir du temps libre et quand elle est finie, nous ne faisons plus rien. .
C'est dommage !

I : Parfois, ce n'est pas si mal ! Après tout, ne rien faire ne rime pas forcément avec ennui.
Au contraire. .

T : C'est vrai, mais j'ai quand même une tonne d'idées de choses à faire avec vous !

W : Taranee, la chasse aux insectes est hors de question, en ce qui me concerne ! Tout au moins pour les deux prochains mois. . Après, on verra.

H : Moi, je veux bien t'accompagner. Demain, en revanche, nous pourrions faire un grand tour à vélo toutes ensemble. J'aimerais trouver un beau sujet à dessiner.

T : Excellente idée !

Adjugé, vendu !

W : Je suis partante. . J'espère seulement que mes résultats de l'année ne seront pas trop mauvais. Ma mère serait capable de me cloîtrer à la maison !

T : Quand est-ce qu'on les a, au juste ?

C : Après-demain, je crois.

I : Encore deux jours à attendre ! Une vraie torture. .

T : Je suis certaine que la « torture » ne t'empêchera pas de profiter de tes siestes et de tes grasses matinées légendaires !

I : C'est vrai, rien ne peut m'empêcher de dormir... J'espère seulement éviter les cauchemars !

W : Tu as de la chance. Moi, au contraire, quand j'attends quelque chose d'important, ça me gâche tout : le sommeil, les rêves, la journée, bref. .

c'est l'horreur !

H : Je te comprends. Moi, quand je panique, j'ai beau me répéter que stresser ne sert à rien, je n'y arrive pas. .

C : De toute façon, se ruiner le moral ne changera rien aux résultats !

H : Espérons quand même que tout se passera bien. . L'effet « résultats de l'année » est épatant sur les parents : s'ils sont bons, papa et maman sont contents et les vacances se passent à merveille.

Si en plus, j'avais quelques mentions, je suis sûre que papa serait très permissif quant aux sorties de l'été. Mais si les résultats ne sont pas fameux. .

I : Tout ça est vrai, archivrai, et même très juste, mais maintenant. . ça suffit ! La mer, les vacances, les sorties, c'est ça qui compte dorénavant !

T : Tu as raison, Irma. Aujourd'hui, c'est la journée idéale pour être heureuses.

I : Vous savez quoi ? Ça me fait bizarre de penser que demain le réveil ne sonnera pas, que je ne m'habillerai pas vite fait et que je ne vous retrouverai pas devant l'école.

Le cœur de KANDRAKAR te dit que...

Pendant les vacances, tu disposes d'heures, de journées et de semaines entières pour te consacrer à tes loisirs. C'est fantastique et pourtant, quand on a tant de temps devant soi, il arrive de ne pas savoir par quel bout commencer...

Rappelle-toi ce à quoi tu rêvais quand tu étais rivée à ton bureau à cause des devoirs. Maintenant, tu peux le faire ! Téléphone à tes amies pour les inviter à sortir, occupe-toi de la déco de ta chambre, consacre-toi à tes lectures et à tes loisirs préférés... Sans oublier de t'accorder quelques moments de douce oisiveté !

C : Mmm. . À en juger par tes tenues d'été, tu t'habilles toujours vite fait, Irma, même quand tu as toute la matinée devant toi pour choisir tes vêtements.

I : Désolée, Corny, mais aujourd'hui c'est le mythique, le fantastique et le tant rêvé dernier jour d'école. Je ne réponds pas aux provocations. Je suis en vacances, même de tes plaisanteries !

H : Sans rire, moi aussi, je suis un peu triste de ne plus vous retrouver le matin à l'école pour. .

W : Pour nous demander de te raconter la fin du film de la veille, quand tu t'endors devant la télé ?

H : Je voulais dire que, quitte à vous paraître un peu dingo, ça me manquera de ne pas partager avec vous le stress de l'interro, la brioche à la cafétéria et le dernier potin sur les Grumper. Nos petits rites quotidiens, quoi !

I : Si ça peut te rendre moins mélancolique, je peux t'appeler tous les jours pour une mini-interro de maths. .

H : Non, merci ! Tout compte fait, l'idée de ne pas avoir les boyaux qui se tordent par le stress, ce n'est pas si mal !

C : À propos de boyaux et d'estomac. .

J'ose espérer que personne ici n'envisage un régime draconien « avant maillot » ! Ma cousine est tellement obsédée par sa ligne, que le simple fait de me voir manger une glace la rend hystérique !

W : Elle voudrait faire comme toi, la pauvre !

T : À mon avis, elle ferait mieux de s'offrir la glace suivie d'un grand tour à vélo ! C'est l'idéal pour la ligne et pour la bonne humeur !

La sonnerie retentit, c'est la fin de la récré. Les cinq amies se quittent pour le dernier cours, puis se retrouvent à la sortie de l'école, toutes d'humeur décidément joyeuse.

I : Ça y est, ce sont les vacances ! Salut, l'école, salut les profs, on se voit dans deux mois !

C : Dommage que ça passe si vite. Pour moi, les vacances pourraient durer toute la vie !

T : Tu ne crois pas qu'on finirait par s'ennuyer ?

C : Tu veux rire ? Imagine, une vie entière comme un éternel samedi après-midi. Tout le temps que tu veux pour sortir, voir les copines, t'amuser. .

T : Mmm. . en effet. Il faudrait tester, pour savoir si à la longue c'est ennuyeux. .

W : C'est parfait, alors ! Nous avons deux mois devant nous pour nous entraîner !

T, I, C et H (toutes ensemble) : Hourra ! Vive les vacances !

Conseils de Witch

Le dernier jour d'école c'est…

- … L'occasion rêvée pour organiser une super-boum et y inviter tout le monde !
- … L'occasion d'écrire de longues dédicaces sur les agendas des copines.
- … Ta dernière chance d'avouer au beau gosse de troisième que tu en pinces pour lui !
- … L'un des rares jours où tu peux oublier tes livres à la maison en toute impunité.
- … Le seul jour où les profs quittent la classe avant les élèves.
- … Le DERNIER, justement et heureusement !

Chapitre deux

Les vacances commencent à la maison, mais...

Journal d'Irma

<u>Lundi 15 juin</u>

Aujourd'hui – premier jour de ces vacances bien méritées *–, les choses ont mal commencé ! Décidée à mettre à exécution mon programme « total relax » (grasse matinée jusqu'à l'heure du déjeuner, puis petite sieste après le repas, histoire de me reposer des efforts accomplis...), j'avais bien rangé le réveil au fond du tiroir. Malheureusement, papa se levait à sept heures comme d'habitude et comme il a le sommeil lourd, son réveil a sonné* des heures... *Ça m'a réveillée, mais j'ai eu la bance de me rendormir assez vite. Une heure plus tard, c'était au tour de maman et de Chris de se lever. Égal à lui-même, l'adorable bambin n'a pas tardé à se produire dans toute une gamme*

de caprices divers… À neuf heures, le marmot a daigné se taire, mais maman a commencé à faire du ménage : vrombissement d'aspirateur, bruits de meubles déplacés, etc. J'ai fini par me lever et la supplier de faire un peu moins de bruit... Pour toute réponse, elle a brandi devant mon nez une liste de courses aussi longue qu'un manuscrit égyptien avant d'ajouter : « Maintenant que tu es à la maison, tu ne penses quand même pas passer tes journées à dormir ! » J'aurais tant aimé lui répondre : « Si, bien sûr, c'est fait pour ça les vacances ! », mais j'ai tout de suite vu qu'elle n'aurait pas compris la plaisanterie. J'ai laissé tomber. Le plus drôle, c'est que j'avais hâte que l'école se termine et maintenant que ça y est, j'en ai déjà marre ! Il manque encore deux semaines à notre départ en vacances et à tout prendre j'aimerais presque mieux retourner à l'école !

Journal de Cornelia

Lundi 15 juin

Ce matin, je me suis levée relativement tôt, plus ou moins à la même heure que d'habitude. Il faisait si beau que je n'avais aucune envie de rester enfermée. Je voulais faire un grand tour à vélo avec Hay Lin et rentrer pour l'heure du déjeuner, mais de toute évidence, *maman en avait décidé autrement : « Maintenant, que tu as un peu de temps libre, tu peux t'occuper de ta petite sœur… » Puisqu'elle devait sortir, je n'ai pas eu le choix : j'ai dû remettre mon programme* et attendre que Lilian se réveille (peu avant l'heure du déjeuner, argh). Dans l'après-midi, je l'ai emmenée au parc, mais malheureusement aucun de ses petits camarades n'y était… Probablement, leurs grandes sœurs sont moins disponibles que moi pour jouer les baby-sitters à outrance. Résultat : Lilian m'a pratiquement obligée à faire de la balançoire et du toboggan avec elle (j'espère que personne ne m'a vue…) et à lui acheter une barbe à papa qu'elle s'est empressée de se coller partout...

Par chance, un peu plus tard, nous avons été rejointes par le petit Josh Davies et sa maman, ce qui fait que Lilian a enfin trouvé un camarade de jeux de son âge. Je croyais avoir enfin la paix, mais c'était sans compter la loquacité de Mme Davies… fort sympathique au demeurant, mais impossible à arrêter ! J'ai fini par réussir à me libérer et nous sommes rentrées à la maison. J'avoue que pour un premier jour de vacances, je m'attendais à mieux…

Journal de Will

Lundi 15 juin

Après-midi

Et voilà... la maison est déserte, la solitude absolue. Incroyable, mais vrai, après toute une année de réveils difficiles, je ne suis pas si heureuse que ça de ma nouvelle liberté... Ce matin, maman est sortie de bonne heure en me laissant un plat cuisiné accompagné d'un petit mot : « Tâche de ne pas mettre le feu à la maison ! » Quant à moi, je me suis réveillée, j'ai pris mon petit déjeuner, traîné jusqu'à midi, déjeuné (sans incidents majeurs !) et pour finir, je me suis affalée dans le fauteuil devant la télé pour regarder un film que j'avais déjà vu... Je ne trouvais vraiment rien à faire ! Ensuite, j'ai appelé Irma, Cornelia et les autres, mais elles étaient toutes occupées et n'avaient pas le temps de bavarder au téléphone. Heureusement, maman ne va pas tarder à rentrer...

Soir

Contrairement aux attentes, maman n'est rentrée qu'à dix-neuf heures, d'humeur exécrable, *qui plus est... « Pourquoi n'as-tu pas rangé ta chambre ? », « Faire ton lit, c'est trop te demander ? », « Tu n'as même pas lavé les assiettes du petit déjeuner ! », « Et celles du déjeuner ? », « Au moins, tu aurais pu mettre la table ! », etc. Bref, à l'heure qu'il est, je suis, moi aussi, de très mauvaise humeur. Je regrette presque l'école... Incroyable ! Je ne pensais pas en arriver à ce stade !*

Journal de Taranee

Lundi 15 juin

Cet après-midi, j'ai eu Will au téléphone. Elle était seule à la maison et s'ennuyait. Elle a de la chance, moi, j'ai le problème inverse : la famille Cook au grand complet est à la maison ! C'est beau, certes, mais... nous n'en avons pas l'habitude et ça finit par énerver tout le monde. En ce qui me concerne, je constate que j'ai été élue à l'unanimité « bonne à tout faire » : maman veut que je l'aide à ranger les courses, papa à programmer le magnétoscope (il ne sait pas le faire !), Peter joue les maîtres chanteurs et m'oblige à aller chercher les affaires de camping au grenier, sous peine de ne pas m'emmener en vacances avec lui...

WITCH JOURNAL

CINQ TUYAUX POUR BIEN COMMENCER LES VACANCES

W

J'organise une super-soirée à base de petits fours et d'au revoir aux copines !

I

Dodo, friandises et télé. Que demander de plus ?

Bref, le jour où je rêvais de me détendre et de me reposer, je n'ai pas eu une minute de libre ! Et, bien sûr, interdiction absolue de protester : « Tu es en vacances, Taranee ! De quoi te plains-tu ? » Argh !

Journal d'Hay Lin

Mardi 16 juin

Hier soir, j'ai eu les Witch au téléphone, toutes en crise à cause de leur « premier-jour-de-vacances-qui-s'est-mal-passé ». On aurait dit une épidémie ! Will s'est disputée avec sa mère, Irma n'a pas pu dormir autant qu'elle le voulait, Cornelia a été obligée de garder sa petite sœur et Taranee était aux prises avec sa famille au grand complet !
Tout le monde pleurnichait !

H Je commence une nouvelle série de dessins consacrée à « l'art d'été » !

T Je fais le plein de pellicules photo !

C Je m'achète un tee-shirt très coloré !

Moi, en revanche, j'ai fait le grand tour à vélo programmé la veille et je suis rentrée juste à temps pour aider Fang à préparer les tables pour le déjeuner. Ça n'a rien d'extraordinaire, mais, moi je me suis vraiment sentie en vacances. Donner un coup de main au restaurant ne m'a pas pesé du tout. Après tout, pour mes parents, c'était une journée de travail comme les autres, alors que moi j'avais eu toute la matinée pour me détendre ! Je suis convaincue qu'il est très important d'essayer de se comprendre mutuellement...

D'UN CÔTÉ, IL EST TOUT À FAIT NORMAL QUE NOUS AYONS DES MOMENTS POUR NOUS BALADER, NOUS AMUSER, OU NE RIEN FAIRE... DE L'AUTRE, IL FAUT AUSSI COMPRENDRE LES PARENTS, SANS NOUS LA JOUER « MARTYRES EN VACANCES » AU MOINDRE HEURT !

Courage, les filles ! Il est temps d'apprendre à être en vacances... en plus, pour une fois, nous n'avons même pas besoin de profs !

Comment faire si...

Tu t'ennuies parce que tes copines sont déjà parties en vacances ?

- Es-tu bien certaine qu'elles sont toutes parties ? Passe quelques coups de fil : certaines sont peut-être encore en ville.
- S'il n'y a plus personne, c'est l'occasion rêvée pour faire tes devoirs de vacances. Après, tu partiras l'esprit tranquille.

Tu aimerais faire la grasse matinée tous les jours, mais tes parents t'obligent à te lever de bonne heure ?

- Cherche un compromis : tu peux dormir un peu plus longtemps, à condition de ne pas exiger le silence absolu jusqu'à ton lever.
- Propose-leur une aide supplémentaire dans les travaux ménagers : préparer le repas, faire les courses, etc. Les parents apprécient ce genre de petits gestes. Qui sait, pour te remercier, ils pourraient t'accorder un peu plus de sommeil...

Les parents te demandent de garder ton petit frère ou ta petite sœur ?

- C'est un bon point, ça veut dire qu'ils ont confiance en toi. Cela pourrait se traduire par une plus grande liberté de mouvements dans d'autres occasions.
- Peut-être que certaines de tes copines ont aussi un petit frère ou une petite sœur à garder. Ensemble, vous pourrez bavarder et vous amuser en toute tranquillité, tout en surveillant les marmots !

Chapitre trois

La grande question : « Où allons-nous, cette année ? »

VIE DE WITCH

Fin juin, promenade à Heatherfield

I : Peetwick City, vous imaginez ?

T : C'est un drôle de nom, mais à part ça je n'y vois rien de bizarre.

I : C'est ce que je me disais aussi, avant d'y aller en vacances... C'est un village paumé où il n'y a que des vieux, des vaches et des chèvres. C'est tout.

H : Je suis sûre que tu exagères. .

Comme d'habitude !

T : Moi aussi.

I : J'aurais voulu vous y voir. Vous ne savez pas ce que j'ai enduré l'année dernière ! Trois semaines dans une pension de famille sinistre où le seul passe-temps était la télé par câble qui n'a jamais fonctionné. .

Et comment oublier « la délicieuse » garden-party sous des trombes d'eau ? Ou les blagues « hilarantes » du cuisinier : toujours les mêmes, toujours pareilles, d'année en année. .

H : Il faut que tu en parles à tes parents !

I : Impossible ! On ne peut pas parler à mon père, il ne veut rien entendre !

T : Ah !. . C'est intéressant. Je comprends enfin de qui tu tiens !

H : Arrête, Taranee ! Irma a un vrai problème !

I : Un problème très concret que je ne sais pas comment résoudre. . Je devrais en parler à mes parents, mais j'ai l'impression que la réponse est connue d'avance.

H : Tu as essayé ?

I : Euh. . Non, mais. .

T : Alors fais-le, tout simplement. Ce soir, à table, dis à ton père exactement ce que tu viens de nous dire, c'est-à-dire que tu préférerais partir ailleurs.

I : Et après ?

H : Ton père va te demander pourquoi et tu lui diras que l'année dernière tu t'es beaucoup ennuyée.

Drôles de WITCH

Réponses amusantes à toutes les questions

Pour organiser des vacances, faut-il forcément s'adresser à une agence de voyages ?

Tu peux toujours essayer chez le marchand de fruits et légumes, mais il risque de te proposer un voyage en bananier !

Quelle est la chose la plus importante à faire avant de décider de la destination de ses vacances ?

Savoir où va la prof de maths et partir aux antipodes !

En famille, quand on parle de vacances, personne ne m'écoute…

Essaie avec un porte-voix !

Pourquoi, pour se faire de la pub, les hôtels impriment-ils des dépliants ?

C'est infiniment plus maniable que des tomes d'encyclopédie.

T : Évite les expressions qui fâchent comme « village paumé où il n'y a que des vieux ». .

I : Nous en avons déjà parlé l'année dernière, et tu vois le résultat !

T : Est-ce que tu leur as fait des contre-propositions ?

I : Contre-propositions ? Quelles contre-propositions ?

H : Je m'en doutais. Tu leur as dit que tu ne voulais plus aller à Peetwick City, parce que tu t'y ennuyais, un point c'est tout. C'est bien ça ?

I : Plus ou moins, oui.

H : Du coup, tes parents ont dû prendre ça pour un simple caprice et, en tant que tel, ne pas lui accorder beaucoup d'importance. Tu es un peu grande pour les caprices. .

I : Que faire, alors ?

T : C'est simple. .

Essaie d'argumenter pour leur faire comprendre ton point de vue... sans oublier de tenir compte du leur ! En fin de compte, il doit bien y avoir une raison si vous allez toujours au même endroit ! Je fais toujours comme ça, moi, avec les parents.

I : Argumenter, tu dis ? Mon père ne veut même pas qu'on évoque le sujet !

H : Commence par lui dire ce que tu penses. Tu finiras bien par découvrir le fond de sa pensée...

Fais-le avec le plus de tact possible, comme tu sais « si bien le faire » !

I : Et si on finit par se disputer ?

T : Ne te fâche pas la première : c'est déjà un bon point pour éviter les. . parties de pugilat ! Ce qui compte c'est de ne pas se buter, sinon on n'arrive à rien.

H : Très juste. Pour arriver à un compromis, il faut être prêt à renoncer à quelque chose. Quelles seraient tes vacances idéales ?

I (l'air rêveur) : Le soleil, la mer, la plage et plein de beaux garçons bronzés. .

T : Et celles de ton père ?

I : Oh, pour lui, du moment qu'il peut se promener. .

T : Tu vois ? Il ne te reste plus qu'à chercher un endroit qui convienne aux deux. Je suis sûre que vous trouverez un terrain d'entente.

H (pouffant de rire) : Dans un petit village de montagne, rempli de beaux garçons bronzés. .

I : D'accord, les filles, vous m'avez convaincue. Je file parler à mes parents. Au moins, j'aurai essayé. Je vous tiens au courant, salut !

<u>Taranee et Hay Lin regardent Irma courir chez elle.</u>

H : Je peux te poser une question ?

T : Bien sûr.

H : Tu dis que tu fais toujours en sorte de tenir compte des arguments de tes parents et de les informer des tiens. Est-ce qu'ils t'ont déjà donné raison ?

T : Jamais, mais il y a toujours une première fois !

Comment faire si...

Cette année, les parents ont envie de changer de votre lieu de villégiature habituel. Tu t'y opposes parce que ça t'empêcherait de revoir tes anciens camarades.

- Ne te bute pas : explique tes raisons. Ensemble, vous trouverez peut-être une solution.
- N'oublie pas qu'un nouvel endroit n'est nouveau que... la première fois ! Tu apprendras vite à le connaître et tu t'y feras de nouveaux amis.

Pour les grandes vacances, les parents veulent toujours aller au « même endroit »...

- Parles-en avec eux ouvertement. L'endroit en question, vous le connaissez tous par cœur, pourquoi ne pas changer, pour une fois ?
- Éventuellement, prépare quelques contre-propositions : un dépliant touristique sorti au bon moment, ça fait toujours son petit effet !

Tu viens d'arriver sur le nouveau site et il ne te semble pas répondre à tes attentes...

- La première impression n'est pas forcément la bonne. Accorde-toi un peu de temps pour mieux évaluer la situation.
- Si tu en conclus que ce n'est vraiment pas ta tasse de thé, profites-en pour explorer les alentours. À vélo, en bus ou en train, tous les moyens de locomotion sont bons. Tu pourrais avoir des surprises !

Chapitre quatre

L'art de faire ses bagages

Journal de Taranee

Mercredi 26 juin

Ça y est ! Au bout de deux semaines de discussions animées, j'ai enfin convaincu les parents de me laisser partir en vacances avec Peter. Dix jours dans les Rocheuses pour visiter les anciennes réserves indiennes ! Le départ est fixé après-demain, avec trois autres garçons et deux filles, tous des amis de mon frère. Moi, je serai la plus jeune du groupe, la mascotte en quelque sorte. Je suis hyperexcitée ! Ce sera ma première « grande aventure », j'ai hâte d'y être.
Ça va être **inoubliable !**

Jeudi 27 juin
(midi)

En sortant ce matin, Peter m'a conseillée de commencer à préparer mes bagages. Je m'y suis mise, mais j'ai tout de suite paniqué. Combien de paires de chaussures me faut-il ?Aurai-je besoin d'une doudoune ? ...et d'un sèche-cheveux ? J'ai bien essayé de tout faire tenir dans mon sac à dos, mais c'était peine perdue : deux n'auraient pas suffi...Découragée, je l'ai vidé et j'ai tout entassé sur le lit. Il vaut mieux attendre le retour de Peter. En matière de bagages et de vacances, c'est lui le spécialiste.

(nuit)

J'ai vraiment un grand frère adorable ! Ce soir, en rentrant et en voyant toutes mes affaires entassées sur le lit, il a commencé par se mettre à rire, puis il a pris les choses en main. Ce n'est qu'une question de méthode, m'a-t-il dit.

Règle numéro un, récolter les bonnes informations...

- *Combien de temps partons-nous en vacances ?*
- *Quel est le climat du site choisi (chaud, froid, pluvieux, etc.) ?*
- *Où allons-nous loger ?*
- *Avec quel moyen de transport allons-nous nous déplacer ?*
- *Y aura-t-il des magasins sur place ?*

En ce qui nous concerne, nous allons à la montagne, nous voyagerons en train et ferons du camping dans des endroits où il y a peu de commerces. Par conséquent, il faut un bon assortiment de vêtements chauds et légers (à superposer pour affronter les écarts de température), plus toutes les affaires de base pour le camping. Au vu de ces impératifs, il m'a suffi de remplir mon sac à dos selon les instructions de Peter.

- *Fais une liste des affaires à emporter.*
- *Rassemble-les en les biffant sur la liste au fur et à mesure.*
- *Place-les dans le sac à dos, en commençant par les affaires les plus robustes (au fond) et en glissant les plus fragiles au milieu des autres.*
- *Prévois un peu de place pour l'achat de quelques souvenirs de voyage.*

WITCH JOURNAL

CINQ TUYAUX POUR PARTIR SANS RIEN OUBLIER

I

Je demande à quelqu'un de m'aider à préparer mes bagages.

W

Je vérifie deux fois la liste des affaires.

Il en est sorti un sac parfait, ce qui a été confirmé par le test sur le dos : je le porte sans le moindre effort ! Youpi !
Je n'ai plus qu'à attendre demain matin. Je crois que cette nuit j'aurai du mal à dormir… et si j'en juge par le boucan dans la chambre de Peter, lui non plus, il ne va pas beaucoup dormir. Il a tellement pris à cœur mes bagages que, du coup, il a délaissé les siens ! Il faudrait que j'aille l'aider, d'ailleurs. Dans ce genre de situation, le coup de main d'une « spécialiste débutante » est toujours bon à prendre !

T Je fais une dernière vérification, juste avant de partir.

H Je choisis un sac énorme !

C Je prévois un sac à part pour les affaires indispensables.

Drôles de WITCH

Réponses amusantes à toutes les questions

Quelle est la chose à ne jamais mettre dans sa valise ?

La clé de la valise.

À l'aéroport, on me dit que mon bagage est d'un poids excessif.

Dis-leur qu'il a déjà commencé son régime.

Pourquoi les voyageurs portent souvent une « banane » à la ceinture ?

En cas de petit creux.

Y a-t-il quelque chose de plus pratique qu'une valise sur roulettes ?

Un sac à dos ailé !

Chapitre cinq

Voyages pour tous les goûts

Journal de Will

<u>Vendredi 28 juin</u>

Youpi ! Demain, je pars quelques jours chez tante Mary. Je suis contente parce que je m'entends super-bien avec elle… La seule chose qui m'embête, c'est l'interminable voyage en train, toute seule *: sept heures, c'est long ! J'ai déjà prévu quelques affaires pour survivre à cette épreuve : baladeur, CD divers, livre, sandwich, bouteille d'eau, portable, etc. J'espère qu'il n'y aura pas trop de monde, au moins je pourrai me mettre à l'aise !*

<u>Samedi 29 juin</u>

Le train a démarré depuis déjà quelques minutes et je viens tout juste de trouver un fauteuil libre. J'ai l'impression que tout le monde me regarde, surtout la dame assise à côté de moi.

On dirait qu'elle s'intéresse à ce que j'écris... Pfff ! *J'espère qu'elle n'est pas trop fouineuse. En face, il y a deux filles : une de mon âge, l'autre un peu plus âgée. Elles doivent être sœurs. Peu importe, j'espère seulement qu'elles me laisseront tranquille. Je n'ai aucune envie d'être sociable. Heureusement, j'ai ma musique pour m'isoler. Et puis il y a le portable : les messages vont me prendre un max de temps, au moins je ne serai pas obligée de faire la conversation. En plus, je n'ai qu'une idée en tête : Matt, envoie-moi un* SMS !

Deux heures plus tard

Tout va bien. Je dirais même que... je m'amuse. *La dame et les deux filles ont fait connaissance et entamé une conversation non stop. En fait, la « fouineuse » semble être très sympathique, une vieille journaliste qui a fait le tour du monde (en train, notamment !) et a plein de choses intéressantes à raconter. Quant à moi, je suis la conversation en cachette. Eh oui,* incroyable, mais vrai, *je n'ai pas encore eu envie de me boucher les oreilles avec mes oreillettes...*

Le soir à Silverbeach

Me voilà arrivée ! Je suis au lit, mais je n'ai pas sommeil. En fin de compte, le voyage ne m'a pas fatiguée du tout, au contraire. Carla (la dame journaliste) a aménagé une sorte de mini-buffet (des fruits, une salade de riz, un thermos de thé froid), auquel j'ai été « conviée » avec les autres. Entre deux bouchées, elle,

Suzy et Zoé (les deux filles) se sont mises à me parler et à partir de là, nous n'avons pas arrêté de bavarder ! J'adore voyager en train. Le paysage change continuellement et à chaque arrêt, il y a des gens qui montent et qui descendent, avec ce que ça comporte comme changement d'accents et de tenues vestimentaires. Bref, même si c'est très lent, c'est le moyen de transport idéal pour profiter pleinement d'un « déplacement » ! Quand Matt m'a enfin envoyé un SMS, je ne m'en suis même pas aperçue !

Journal de Cornelia

<u>Lundi 1er juillet</u>

C'est mon premier voyage en ferry ! Ça fait une drôle d'impression de voir la côte s'éloigner derrière nous. À moi les grandes vacances ! Ça y est, la terre a fini par disparaître. Il n'y a que de l'eau et du ciel. Je me sens flotter dans une autre dimension, hors du temps et de l'espace. Je pense à Caleb, *mais aussi à tout le reste, je suis comme suspendue à mes rêves… Si seulement Lilian voulait bien me laisser un peu tranquille. J'en ai marre de jouer à la maman !*

Drôles de WITCH

Réponses amusantes à toutes les questions

Quel est le jeu idéal pour ne pas s'ennuyer en voiture ?

Euh... jouer à saute-mouton ?

En voiture, j'aimerais bien écouter de la musique, mais l'autoradio est cassé...

Essaie de caser un orchestre dans le coffre.

Que lire dans le train pour m'endormir au plus vite ?

Le mode d'emploi de la couchette.

J'ai peur de prendre l'avion...

Ne t'y sens pas obligée, il n'est pas à toi !

Quelle est la chose la plus importante à faire avant une croisière ?

Prendre des cours de natation.

J'ai trouvé un endroit un peu en retrait pour écrire tranquille. Le soleil va bientôt se coucher : pour la première fois, je le verrai plonger dans la mer. Ça sera magnifique… Le genre de spectacle qui te fait dire que la vie est vraiment belle ! En général, le voyage me paraît toujours long et ennuyeux, alors que cette année c'est déjà les vacances ! *Mais ça suffit avec les envolées poétiques. Un groupe de personnes s'est réuni à la proue du bateau, je vais voir ce qui s'y passe...*

Je suis parvenue à me faufiler au milieu des gens et j'ai atteint le bastingage. Au loin, on aperçoit l'île de nos vacances ! *J'en suis toute émue… un peu comme si j'étais l'explorateur qui l'a découverte ! Elle est encore loin, mais je suis sûre qu'elle est très belle et pleine de choses à faire ! Je suis tellement de bonne humeur que je vais inviter Lilian à venir jouer à la maman !*

Journal d'Irma

Vendredi 5 juillet

Au secours ! Demain, nous allons à un mariage et je prendrai l'avion *pour la première fois de ma vie. Je ne vais pas fermer l'œil de la nuit…*

Samedi 6 juillet

Ça y est, j'y suis… Je vole ! *Au décollage, j'ai eu très peur, mais heureusement, ça passe vite. Chris a adoré… Moi, en tant que grande sœur, je ne pouvais certes pas me mettre à couiner ! Il paraît que nous sommes* à 10 000 mètres d'altitude... de quoi avoir la tête qui tourne ! C'est exactement l'effet que ça me fait quand je regarde les villes et les nuages, en bas... Au début, je ne voulais même pas approcher du hublot, mais en entendant les petits cris enthousiastes de Chris, je l'ai fait quand même. Maintenant que j'ai un peu d'entraînement, j'arrive même à prendre du plaisir à regarder le paysage. Je commence à me dire que tout compte fait, prendre l'avion c'est vraiment sympa !

Le soir

Nous sommes arrivés à destination et en descendant de l'avion... j'ai eu comme un choc. Au bout de deux heures à peine de vol, on avait l'impression d'être arrivé sur une autre planète ! Le climat, les gens, la manière de parler, tout ici est différent, et comme le voyage a été très rapide, je n'y étais absolument pas préparée. D'ailleurs, j'ai été un peu dans les vapes tout l'après-midi. Ça va mieux maintenant, mais ce soir, pour une fois, je serai contente d'être avec mes parents...

Conseils de Witch

Pour affronter un long voyage...

- Organise bien les choses. Apporte des affaires qui t'aident à passer le temps : des livres, de la musique, ton journal intime...
- Liste toutes les choses que tu as envie de faire en vacances. Elles doivent être si nombreuses que tu risques d'en oublier !
- Ouvre grand les yeux et les oreilles : au cours des longs voyages, on peut rencontrer des gens fort sympathiques et voir des paysages fabuleux.
- En voiture, on peut s'amuser à raconter des histoires drôles et à chanter des chansons... à condition de ne pas soûler le conducteur !

Chapitre **SIX**

Mer ou montagne ?

Échange de lettres entre Will et Irma

Vendredi 1er août

Salut, Will !
Comment ça va ? Bains de mer et soleil à volonté, j'imagine ! Réponds-moi vite pour tout me raconter ! En ce qui me concerne, je crois que nous avons déniché le petit village de montagne le plus paumé du monde… Nous sommes arrivés hier après-midi, mais il n'a pas arrêté de pleuvoir et par conséquent nous n'avons pas encore quitté l'hôtel. Les parents jouent aux cartes, Chris fait des gribouillis avec ses pastels et moi je déprime d'heure en heure. Apparemment, à l'hôtel, on attend d'autres touristes, mais pour l'instant, nous sommes bien les seuls :
au secours !
Écris-moi vite, ça m'aidera à passer le temps. Tu me manques !

Irma

Lundi 4 août

Salut, Irma, j'ai lu ta lettre à la vitesse de la lumière ! Je suis vraiment triste que tu ne t'amuses pas, mais je suis sûre que, dans peu de temps, ça ira mieux. Le démarrage n'a pas été facile, pour moi non plus. Quand on rêve de la mer, on se voit tout de suite belles et bronzées, sur une plage de carte postale… Mais la réalité est bien différente ! Je te fais un résumé : mon premier jour de plage, j'ai été prise par une crise violente de « stress du maillot de bain »... Imagine le tableau : tout le monde bronzé comme dans la pub d'une crème solaire et moi, pâle comme un cachet d'aspirine... Argh ! *Cette fois, en tout cas, j'ai évité l'erreur de l'année dernière, c'est-à-dire me faire cuire au soleil avec pour résultat un superbe teint rouge écrevisse… J'ai agi progressivement et dès le troisième jour je faisais déjà un peu moins « tache »… Mes cheveux, ça n'allait pas non plus, ils étaient secs et drus, le sable et le sel n'arrangeaient rien. Bref, j'ai fini par faire une crise de désespoir en bonne et due forme (« Je hais cet endroit, je n'arriverai jamais à me faire des amis, je m'ennuie… »). Ma mère, très sagement, a fait la « morte » derrière ses lunettes de soleil. Mais je te raconterai la suite la prochaine fois… Donne-moi vite de tes nouvelles pour me dire comment ça se passe chez toi !*

Will

Drôles de WITCH

Réponses amusantes à toutes les questions

Comment vaincre la nostalgie de la montagne quand on passe ses vacances à la mer ?

En faisant du ski nautique, peut-être.

J'adore la campagne, mais j'ai un problème avec les moustiques...

Propose-leur de partir en vacances.

À quoi reconnaît-on un voyageur un peu aventurier ?

C'est le type collé à la fenêtre du train. Côté extérieur.

J'adore la plage, mais j'ai le mal de mer.

Le Sahara, c'est l'idéal : du sable à perte de vue et pas la moindre goutte d'eau !

Mercredi 6 août

Chère Will,
tu avais raison à cent pour cent !
Tout a changé du jour au lendemain avec l'arrivée de nouveaux touristes, parmi lesquels un groupe de garçons et de filles à peu près de notre âge, qui avaient l'air aussi désemparés que moi. Justement, nous avons fait connaissance en parlant de notre « malheur commun ». Dans le groupe, il y a un dénommé Thomas, lequel, en plus d'être super-beau garçon, *en a vite eu marre de nos plaintes éplorées et a proposé d'aller explorer les alentours en profitant d'une éclaircie... Au cours de notre longue promenade, nous avons découvert une superbe forêt où l'on peut faire de grandes balades ou se reposer au bord d'une rivière à l'eau cristalline. Bref, non seulement il y a plein de choses à faire, mais en plus, on peut aussi buller agréablement sur l'herbe, car les paysages sont somptueux et la compagnie* géniale !
Bisous bisous et à bientôt,

Irma

Jeudi 7 août

Salut, Irma !
Pour moi aussi ça va bien (je commence même à avoir un bronzage acceptable !). Comme toi, j'ai fait quelques connaissances. Au bout des premiers jours de panique, je me suis inscrite au tournoi de volley sur la plage. En un seul après-midi, j'ai connu pratiquement tout le monde !
Aujourd'hui, nous sommes un groupe assez nombreux et entre les baignades, les virées à pédalo et les parties de rigolade, nous nous amusons comme des petits fous, exactement comme toi avec tes amis. Ça se trouve, il fallait juste arrêter de se plaindre et nous rappeler que nous sommes en vacances ! *Qu'en penses-tu ?*
Je t'embrasse fort.

Will

Vendredi 15 août

SOS, Will !
Il est presque temps de rentrer à Heatherfield : envie... zéro ! *C'est toi qui avais raison. En vacances, le plus important ce n'est pas tant la destination que le fait*

de s'amuser. Et ça, on peut le faire partout, il suffit de trouver la bonne compagnie et d'y mettre du sien !
Je suis supertriste de quitter mes nouveaux amis, mais le fait de savoir que toi et les autres serez rentrées aussi, me réconforte un peu.
À très vite.

Irma

Lundi 17 août

Salut, Irma,
Je sais bien ce que tu ressens, je suis passée par là. Nous sommes rentrées aujourd'hui. Dire au revoir aux copains de la plage a été très dur. Je me console en pensant aux nouveaux noms et adresses dans mon carnet. J'ai une tonne de mails à envoyer et pas mal de coups de fil à passer. Que dire ? Les vacances sont – et seront toujours – trop belles et trop courtes !
Quoi qu'il en soit, je suis là et je t'attends de pied ferme pour qu'on se raconte tout de vive voix.
Un gros bisou.

Will

P.S. : *Si nous avions fait une compétition mer-montagne pour les plus belles des vacances, ce serait un* vingt sur vingt *partout !*

Conseils de Witch

Le top des vacances.

- Le dernier plongeon dans la mer au soleil couchant, juste avant d'aller dîner.
- Se sentir si bien qu'on en oublie de se regarder dans le miroir.
- Choisir une carte « spéciale » pour ta meilleure amie.
- Prendre son petit déjeuner dehors, sachant qu'on a touuuuuuuut son temps.
- Cette chanson qui passait tout le temps au bar de la plage et que tu vas chantonner tout l'hiver…
- Lire ton livre préféré, langoureusement allongée sur la pelouse.
- Déambuler en quête de lieux nouveaux, de plus en plus beaux.

Chapitre **Sept**

Vacances à l'étranger

Journal de Taranee

<u>Jeudi 2 août</u>

Ça y est, demain c'est le grand jour, je pars pour mes premières vacances d'études à l'étranger !

Je ne pensais pas que les parents seraient d'accord, mais de toute évidence ils sont prêts à tout pour que j'apprenne l'italien !

J'aurais préféré aller Rome, mais maman a dit que c'est une trop grande ville pour une voyageuse en herbe comme moi. Je devrais donc me « contenter » de Florence.

Au début, j'étais un peu déçue, mais après m'être documentée, j'ai découvert que la mer n'est pas loin et que la région, la Toscane, est vraiment magnifique.

Ce qui m'embête un peu, c'est de loger dans une famille d'accueil. Personnellement, j'aurais préféré l'auberge de jeunesse, mais la première solution doit être plus rassurante pour les parents. Bon, le plus important c'est que... Italia, arrivo !

Vendredi 3 août

Je suis à l'aéroport, j'attends l'embarquement. J'ai un peu peur, mais pour rien au monde je ne reviendrais en arrière. Quand j'ai dit au revoir à mes parents, j'ai eu les larmes aux yeux à l'idée de ne pas les voir pendant presque un mois. Papa et maman ont rivalisé en recommandations : « Sois sage », « Fais attention », etc. Heureusement que Peter était là et m'a saluée avec un super « Amuse-toi ! »*. Mais maintenant... je suis seule et l'aventure commence !*

Samedi 4 août

Matin
Me voilà dans ma chambre à Florence. La maîtresse de maison, Mme Rossi, est une dame assez âgée. Elle est venue me chercher à l'aéroport avec Consuelo, la jeune étudiante espagnole avec qui je partage la chambre. J'espère que nous allons bien nous entendre. À part ça, tout ici est très bizarre : le paysage, la langue, les odeurs, les couleurs... Mme Rossi a l'air d'être une femme douce, mais elle parle italien à la vitesse de la lumière : je ne comprends rien à ce qu'elle raconte. Je ne fais que sourire et faire « oui » de la tête (elle,

probablement, pense que je comprends tout !).
Heureusement, avec Consuelo, ça se passe mieux : un peu avec des gestes, un peu avec des phrases tronquées, nous sommes quand même arrivées à nous raconter la moitié de notre vie. Mes impressions : j'ai un fond d'inquiétude et en même temps je suis très contente. Malgré tout, je sens très bien ces vacances.

Soirée
Premiers petits problèmes : ce soir, alors que je mourais littéralement de faim, à 19 heures Mme Rossi n'avait pas encore mis les pieds à la cuisine. Au secours !

Le cœur de KANDRAKAR te dit que...

Partir seule en vacances à l'étranger est une expérience très excitante. C'est pour toi l'occasion d'apprendre une nouvelle langue, de connaître des gens du monde entier et de découvrir des manières de vivre et de penser très différentes de celles de ton pays d'origine.

Tout cela t'enrichira énormément, mais parfois cela pourrait aussi te faire sentir un peu perdue. Si ça devait t'arriver, rassure-toi et essaie de t'en sortir seule en faisant appel à ton intelligence et ton imagination. Tu y gagneras en confiance en toi, ce qui est déjà très précieux.

Heureusement, Consuelo m'a expliqué qu'ici on dîne tard... Je me suis donc armée de patience (après avoir grignoté un peu) et j'ai attendu sagement. Ça valait la peine, parce que, plus tard, nous avons mis la table sur la terrasse : il faisait nuit, le ciel était rempli d'étoiles et une brise délicieuse soufflait... bref, une merveille ! Le seul souci a été le repas lui-même. Les spécialités italiennes dont Mme Rossi était si fière avaient un drôle de goût... *le gorgonzola, par exemple. Consuelo me dit qu'il faut un peu de temps pour s'habituer aux saveurs et à la manière de cuisiner d'un autre pays... Je l'espère, parce que je me vois mal me nourrir de brioches pendant un mois. Ensuite, Mme Rossi m'a expliqué comment me rendre à l'école (je dois prendre un bus) et aussi comment brancher l'alarme si je suis la dernière à sortir. Heureusement que Consuelo est là : je vais tout faire comme elle, pas à pas. Tout est un peu compliqué, mais je suis fermement décidée à ne pas me laisser décourager. Je suis seule à l'étranger et je veux m'en sortir comme une grande. En plus, apprendre l'italien en parlant avec les gens est infiniment plus motivant que de l'étudier à l'école !*

Lundi 6 août

Premier jour d'école ! Ce n'est pas évident de suivre les cours en italien. Les profs sont jeunes et sympas, mais ils semblent donner pour acquis le fait que les élèves sont de langue maternelle italienne ! C'est un peu décourageant… Comment s'amuser avec des gens avec qui on n'arrive même pas à parler ? Et puis l'italien c'est difficile ! Si au moins Consuelo était dans la même classe que moi…

Mardi 7 août

Ça va déjà mieux. Dans la classe, je m'entends bien avec un petit groupe constitué de deux Japonais, un Anglais, trois Espagnoles et un Chinois. Aujourd'hui, après les cours, nous sommes allés faire une grande balade. Nous avions un plan de Florence, mais nous sommes arrivés à nous perdre, malgré tout ! *Impossible de trouver le bus pour rentrer ! Sur le coup, nous avons un peu paniqué, mais au bout du compte, nous avons quand même réussi à atteindre l'arrêt de bus qui nous est apparu comme un mirage… Qu'est-ce qu'on a ri !*

Mercredi 15 août

Aujourd'hui, en classe, nous avons parlé des us et coutumes de nos différents pays d'origine. Très intéressant.

Les dictons, par exemple, se ressemblent beaucoup, mais restent différents par des détails amusants. Ce soir, en parlant avec Mme Rossi, soudainement, je me suis rendu compte que je la comprenais ! J'ai l'impression de rêver. Ça y est, je suis en train d'apprendre l'italien ! Si je devais donner une note à cette journée, ce serait vingt sur vingt !

P.S. Je commence même à apprécier la cuisine. *Je ne peux pas dire que j'aime tout, mais certains plats sont vraiment délicieux. La variété de recettes de pâtes est étonnante !*

Lundi 20 août

Je m'amuse énormément. La preuve : je n'ai pas écrit une ligne depuis des siècles ! À mon arrivée, j'étais scotchée à mon journal, c'était un point de repère. Maintenant, je suis tellement prise par mes nouveaux amis que je n'ai plus le temps. J'ai quand même la nostalgie de papa et maman, de Peter et des Witch... *Dans deux jours, je vais tous les revoir !*

Taranee rentre à Heatherfield. À l'aéroport, ses parents et les Witch l'attendent. Après de longues embrassades...

W : Alors, comment ça s'est passé ?

T : C'était génial ! Je m'en suis sortie super-bien, même avec les spécialités locales comme le gorgonzola, mais. . qu'est-ce que la cuisine de maman me manque !

Comment faire si...

Tu voyages seule dans un pays étranger ?

- Prends toujours avec toi un plan de la ville.
- Étudie bien ton parcours avant de quitter la maison, notamment si tu prends les transports en commun.
- Si tu te perds, demande à quelqu'un et n'aie pas honte de dire que tu ne comprends pas. Fais répéter la personne plus lentement et, si nécessaire, adresse-toi à quelqu'un d'autre.

L'idée de partager un logement avec des inconnus t'effraye ?

- Donne-toi du temps. Dès que tu auras fait connaissance avec les gens de la maison, ce ne sera plus des inconnus !
- Ta famille d'accueil a été sélectionnée par une agence spécialisée. Avant toi, elle a accueilli d'autres étudiants : elle saura te mettre à l'aise.
- Si, malgré tout, tu ne te sens pas bien dans ta famille d'accueil, parles-en à tes parents ou aux responsables du stage.

Tu as l'impression de ne pas arriver à apprendre la langue ?

- C'est souvent une question de timidité. N'aie pas peur des fautes, il faut se lancer ! À ta grande surprise, tu constateras que malgré quelques erreurs les gens te comprennent.
- La pratique de la langue est essentielle. Évite d'utiliser comme interprète quelqu'un qui te paraît plus débrouillard que toi. Exploite la moindre occasion pour parler et écouter, c'est comme ça qu'on apprend !

Test

Quelle voyageuse es-tu ?

Commence par la première question, puis poursuis par celle indiquée dans la réponse choisie. Tu découvriras ton style en matière de vacances.

1

Ça y est, on part...

A Du calme ! On est en vacances, non ? (→ **2**)

B Vite ! Il n'y a pas une minute à perdre ! (→ **3**)

2

Ce qui ne manquera jamais dans tes bagages.

A Trousse de toilette avec crème solaire et brillant à lèvres à la framboise. (→ **4**)

B Une paire de baskets. (→ **5**)

3

Tes baskets sont...

A Dernier cri, ça va de soi ! (→ **5**)

B Un peu usées, mais ultraconfortables. (→ **6**)

4

L'idéal pendant un bain de soleil...

A Une petite sieste supercool ! (→ **profil A**)

B Bavarder tranquillement avec les copines de la plage. (→ **profil B**)

5

Tes lunettes de soleil te permettent de...

A Observer en cachette les gens qui passent. . surtout les beaux mecs ! (→ **profil B**)

B Bien protéger tes yeux pendant que tu fais du parapente. (→ **profil C**)

6

À la fin des vacances, tu espères...

A Être en superforme. (→ **profil C**)

B Avoir survécu à tous les défis que tu te seras lancés. (→ **profil D**)

Profil

Profil A

Ronronnante

Tes vacances idéales sont… Hé, réveille-toi ! Juste le temps de connaître le résultat du test. Après, tu pourras te rendormir, promis !
Bien. Où que tu sois, le plus important pour toi est de pouvoir te reposer. Tu as de la chance : tu peux choisir entre la mer, la montagne et la campagne, simplement en t'assurant que l'endroit où tu vas est équipé de lits, chaises longues, fauteuils et canapés. Donc… Bon repos !

Profil B

Le type de plage

Il y a pas de doutes : pour te rendre heureuse, il te faut des vacances cent pour cent maritimes : la mer, la plage et… du soleil, du soleil, du soleil ! Une île tropicale serait le top, mais, au fond, des vacances dans votre station balnéaire habituelle te conviennent parfaitement aussi, du moment que les éléments essentiels sont réunis.
Une compagnie de copains sympas, un tournoi de volley sur la plage et… quelques beaux garçons à l'horizon !

Profil C

Cent pour cent sportive

Voici ta journée type.
Matin : stretching à 9h, jogging à 10h, spinning à 12h.
Après-midi : snorkeling à 14h, surfing à 16h, rafting à 17h.
Soirée : dancing à 21h.
Des vacances riches et intenses, il n'y a pas de doutes ! Petite suggestion… de temps en temps, consacre-toi un peu au « reposing ». À la fin des vacances, tu pourrais avoir besoin de… vacances !

Profil D

No limites

Tu pourrais hésiter entre un stage de survie dans la jungle, un trekking à pieds dans le Sahara et l'ivresse d'un stage de saut en parachute… Mais au fond, l'un n'exclut pas l'autre. Au fil de tes vacances, tu pourras tester tous ces loisirs « cent pour cent détente ». Dommage que les tigres sabres soient une espèce disparue, car un safari photographique sur leurs traces t'aurait tentée plus que tout !

Chapitre **huit**

Vacances avec les parents

VIE DE WITCH

Mardi matin, musée des Beaux-Arts de Greentown

I : Des tableaux, des sculptures et des amphores. . Ça fait trois jours qu'on se farcit ça à toutes les sauces ! J'en rêve même la nuit. .

Je demande un cessez-le-feu !

Papa : C'est une collection exceptionnelle, Irma, tu sais ? De véritables chefs-d'œuvre de l'Antiquité.

I : Je n'en doute pas, mais à force de visiter des musées j'ai l'impression de voir toujours la même chose. Un vrai supplice ! On fait toujours ce que vous voulez. . je m'ennuie, moi !

La mère d'Irma commence à perdre patience.

Maman : Je te rappelle qu'il y a à peine trois jours, tu as demandé à aller à la piscine et que nous nous sommes empressés de te satisfaire.

Quand tu seras plus grande, tu organiseras tes vacances comme tu l'entendras. Pour l'heure, ce sont aussi nos vacances, au cas où tu l'aurais oublié, et tu pourrais faire un effort pour nous comprendre, sans te poser en martyre. D'accord ?

I : D'accord. Puisque c'est comme ça, je ne dirai plus un mot, mais, au moins, ne prétendez pas que je m'amuse !

[J'aurais presque mieux fait de rester à la maison. Mais pourquoi les voyages avec les parents sont-ils toujours aussi rasoir ?]

P : Allons, allons ! Il nous reste encore deux étages à visiter. .

I : Je n'y pense même pas ! J'ai sommeil et mal aux pieds. . Je vous attends ici.

P: Comme tu voudras. Dommage, parce que les pièces à voir sont uniques au monde. . On se retrouve ici dans deux heures environ. Ne t'éloigne pas trop.

I : À vos ordres, mon capitaine ! Partez tranquille.

[Ouf ! Au moins, j'évite deux étages de plus de vitrines remplies de tessons poussiéreux. Ces petits fauteuils semblent bien confortables... je vais faire une petite sieste.]

Peu de temps après...

Rachel : Hé ! Tout va bien ?

I : Où. . où suis-je ? Comment ? Ah, oui, merci.

[Oh ! la honte... Mais qu'est-ce qu'elle me veut, celle-là ?]

Drôles de WITCH

Réponses amusantes à toutes les questions

Comment éviter les voyages organisés ?

Facile. Il suffit d'organiser un voyage désorganisé !

Comment convaincre les parents de changer de plage ?

Dis-leur que celle où vous allez habituellement a été envahie par des crabes mutants gigantesques.

Papa voudrait louer un camping-car, mais moi je préfère l'hôtel...

Le compromis existe : avez-vous pensé à accrocher un motel à la voiture ?

Quel ennui ! Maman me traîne toujours devant les monuments...

Ne t'en plains pas. Ce serait pire si elle les apportait à la maison !

R : Désolée de t'avoir réveillée, mais j'ai cru que tu étais évanouie.

I : Je vais très bien, merci, mais ce musée est d'un ennui mortel.

R : Tu es venue avec tes parents, mais tu n'en avais pas envie, pas vrai ?

I : Exactement. Et toi ? Traînée de force aussi ?
[Elle a l'air sympathique et doit avoir à peu près mon âge...]

R : Non, à vrai dire mon père est le conservateur du musée. Au fait, je m'appelle Rachel.

I : Enchantée, Irma. Excuse-moi, je suis navrée. Je ne voulais pas critiquer le travail de ton père. .
[Toujours retourner ma langue sept fois dans ma bouche avant de parler, je devrais m'en souvenir...]

R : Je suis d'accord avec toi, certaines parties du musée ne sont pas passionnantes, mais un parcours interactif va bientôt ouvrir. À l'intention des plus jeunes, justement.

I : Vraiment ? Et de quoi s'agit-il ?

R : Je peux te montrer, si tu veux. L'ouverture officielle est pour demain, mais papa me permet d'y aller déjà. .

I : Super ! Je suis vraiment curieuse.

<u>Une heure plus tard, la visite est terminée.</u>

R : Et dans la dernière salle, une sorte de jeu vidéo permet de reconstituer les œuvres les plus célèbres.

I : Génial, je n'imaginais pas que la visite d'un musée pouvait être si amusante. Félicite ton père.

C'est géant !

R : Merci, je lui transmettrai. N'oublie pas quand même que c'est aussi un peu « grâce » à tes parents. S'ils ne t'avaient pas « traînée » ici. .

I : Je n'aurais jamais découvert ces merveilles ! Le problème est que papa et maman organisent les vacances, et moi je suis obligée de suivre. .

R : Ça m'arrivait aussi. Puis j'ai compris une chose. Non, deux...

Au bout d'un an de travail non stop, les parents méritent bien leurs vacances. Leur faire la tête dès que nous ne sommes pas d'accord sur le programme gâche les vacances de tout le monde... les nôtres, en premier !

I : En effet, oui. .
[Rachel a raison... je viens de passer pour une petite fille capricieuse. Oh, la honte !]

R : *Deuxièmement, au lieu de vivre ces vacances comme un fardeau qui nous est imposé, il vaut mieux les voir comme une opportunité à exploiter au mieux.*

I : C'est vrai. On peut faire des découvertes extraordinaires, comme moi aujourd'hui !
[Dis donc, elle est super cette fille !]

R : C'est ça et. . Excuse-moi, je crois que papa m'appelle.

I : Je t'en prie. Merci pour tout.

R : C'était un plaisir. Salut, Irma. J'espère que nous nous reverrons bientôt.

I : Moi aussi. Salut, Rachel.

<u>Irma retourne à son fauteuil. Un peu plus tard...</u>

M : Nous voilà de retour. Tu t'es ennuyée ?

I : Pas du tout. Je me suis même beaucoup amusée !

P : C'est de l'humour, ou. . ?

I : C'est vrai, papa. Cet endroit est extraordinaire !

M : Dans ce cas, nous avons une jolie nouvelle pour toi.

I : Ah, oui ? Laquelle ?

P : Puisque nous n'avons pas eu le temps de tout voir, nous avons décidé de rester à Greentown un jour de plus. Et demain, nous reviendrons au musée pour terminer notre visite.

I : Génial ! Il faut que je le dise tout de suite à. . Attendez-moi, je reviens !

M (l'air perplexe) : Tu sais quoi, Tom ? Parfois, je trouve que notre fille est un peu bizarre.

P : Bizarre ? Penses-tu. . Elle a dû trouver un endroit confortable où faire sa sieste, c'est tout !

Comment faire si...

En vacances, tes parents ne te laissent jamais tranquille ?

- Pour commencer, essaie de les comprendre. C'est normal qu'ils s'inquiètent, surtout si vous vous trouvez dans un endroit où il peut y avoir des dangers.
- Explique-leur que tu n'es plus une enfant et que, dans certaines limites, tu aimerais essayer de t'en sortir seule.
- Surtout, évite les bravades inutiles pour leur prouver qu'ils peuvent te faire confiance.

Votre voyage est à tel point organisé qu'il en devient ennuyeux ?

- Propose quelques exceptions au programme. Au lieu de faire bronzette sur la plage toute la journée, pourquoi ne pas visiter les alentours, pour une fois ?
- Si les parents n'en ont vraiment pas envie, apprends à t'organiser de ton côté. Regarde autour de toi et fais-toi des amis. Autrement dit... bouge ! Tu es en vacances, non ?

Pendant le voyage, tout le monde est nerveux ?

- En cas de mésentente entre tes parents sur le lieu où aller, propose quelque chose qui mettrait tout le monde d'accord.
- Si c'est toi qui es nerveuse, n'oublie pas que ce sont les vacances. Es-tu vraiment certaine que la situation est si catastrophique ?

Chapitre neuf

Seules en vacances

VIE DE WITCH

Lundi matin, colonie de vacances de Chippewa Lake

Sarah : Bienvenues au camp, les filles ! Je m'appelle Sarah et je suis votre monitrice. Voici votre chambre. Vous êtes tenues de la garder propre et en ordre.

W,I,T,C,H (en chœur) : Oui, Sarah !

S : Voici le programme des activités. Rendez-vous dans une heure, pour votre premier cours de windsurf. À tout à l'heure.

W,I,T,C,H (en chœur) : Merci, Sarah !

Une fois Sarah partie, les commentaires fusent.

I : Whaoû ! Vous imaginez un peu ? Deux semaines toutes seules, sans les parents sur le dos !

C'est la liberté totale !

H : Ne le dis pas trop vite. Tu as lu le règlement interne que Sarah nous a donné ?

T : « Cuisiner à tour de rôle », « ménage des parties communes », « horaires de la cantine ». . Mais il n'y a que des règles, ici !

C : Qu'est-ce que tu imaginais ? C'est normal.

I : C'est horrible. On dirait que c'est mon père qui organise !

W : Du calme. Nous avons toujours nos espaces à nous, non ?

T : Et ceux-là, nous pouvons les gérer à notre guise.

C : À commencer par. . notre chambre !

I : Je n'ai aucune envie de défaire tout de suite mes bagages.

Le cœur de KANDRAKAR te dit que...

Les premières vacances sans les parents sont une expérience exaltante. Le fait d'être seule à décider de ce qu'il faut ou ne faut pas faire, te donnera une sensation de liberté enivrante.

Il est vrai aussi que la liberté « fonctionne » seulement à condition de savoir gérer les choses avec un peu de bon sens. Pour bien vivre avec les autres – même les amis les plus chers ! –, quelques règles sont indispensables. Profite au mieux de cette nouvelle expérience, sans te limiter à te dire « chouette, je peux faire ce que je veux ». Sans un minimum d'organisation, tu risques de te disperser et de rater des occasions de t'amuser.

H : On le fera tout à l'heure. Personne n'est là pour vérifier. .

W : Tout à fait d'accord. Et puis, c'est les vacances, non ?

Le soir

C : Quelle journée géniale ! Je ne me suis jamais autant amusée !

W : Vous-vous souvenez de la fille qui s'est pris les pieds dans sa bouée ?

Trop fort !

H : Quand je pense qu'elle a failli tomber à l'eau, j'en ai encore mal au ventre à force de rire !

I : À propos de ventre, moi, j'ai un peu faim.

T : Moi aussi, mais la cuisine doit être fermée à l'heure qu'il est.

W : J'ai vu un distributeur automatique de confiseries, pas loin. On pourrait. .

C : Bien sûr ! Moi, j'aimerais du pop corn, s'il y en a.

T : Nous pouvons aussi prendre des boissons à volonté. Dommage qu'il n'y ait pas la télé. .

I : Il n'y a pas de couvertures, ni d'oreillers, non plus...

H : Comment ça ?

I : Nous avons oublié d'aller les chercher chez le magasinier. C'est sûrement fermé, maintenant..

W : Dormons habillées, ce n'est pas grave !

T : Nous sommes libres de faire ce qui nous plaît. Youpi !

Le lendemain matin, l'enthousiasme n'est décidément pas le même.

C : Quelle nuit horrible ! Je n'ai presque pas fermé l'œil.

T : Moi, j'ai eu mal au ventre. La faute à tous ces goûters au chocolat. .

W : Ne m'en parle pas, je crois que j'en ai même rêvé. Un vrai cauchemar !

I : Comme cette pièce. . On aurait pu éviter la bataille de pop corn, quand même !

H : Mon lit et mon sac à dos sont remplis de miettes. .

W : Je pense que nous avons un peu exagéré.

On ne peut pas toujours faire ce qu'on veut, il faut un minimum de règles pour vivre ensemble. Surtout... pour être bien !

C : Will a raison. Imaginez si tout le monde faisait comme nous, hier soir. .

H : Cet endroit serait invivable. Je crois que...

La liberté est indissociable du respect des autres. Sinon, c'est le chaos total.

I : Pour conclure, que diriez-vous de ranger un peu la chambre avant que Sarah ne nous mette à la porte pour excès de désordre ?

W : D'accord. Je vais chercher des balais.

I : Viens, Hay Lin. Nous, nous allons chercher des oreillers et des couvertures.

C : Sans oublier les chiffons et les produits de ménage !

Au réfectoire, à l'heure du déjeuner.

S : Bonjour, les filles. Vous commencez à prendre vos marques ?

W : Oui, Sarah. Cet endroit est formidable.

C : C'est vrai. Même faire la vaisselle est amusant !

S : Excellent. Mais. . tout à l'heure, je suis passée par votre chambre et. . c'est la plus propre de toutes !

W : Et. . c'est un problème ?

S : Bien sûr que non, mais. . nous n'exigeons pas l'ordre absolu ! Je veux dire : vous pouvez aussi vous détendre un peu, vous êtes en vacances après tout !

Drôles de WITCH

Réponses amusantes à toutes les questions

Je n'ose pas voyager seule. Et si je prenais le mauvais train ?

Tu n'aurais qu'à le rapporter à la gare pour l'échanger !

Pourquoi, avec les scouts, on campe toujours au milieu des bois ?

En ville, ça poserait quelques problèmes...

J'aimerais beaucoup partir avec l'équipe de volley, mais ils ne veulent pas de moi...

C'est du ping-pong, que tu fais, rappelle-toi.

Quel est le meilleur voyage d'étude ?

Celui où l'on étudie le moins.

Chapitre **dix**

Loin de « lui »...

Journal de Will

<u>Dimanche 27 juillet</u>

Youpi ! Enfin de retour à Cabot Bay. J'y viens tous les étés depuis mon enfance et revoir « ma » plage et surtout les copains de l'été me fait toujours super- plaisir. *En effet, ces premiers jours ont été fantastiques, si ce n'est que Matt me manque beaucoup... Pourtant, je ne devrais pas me plaindre parce que certains sont moins bien lotis que moi. Sylvia, par exemple : dès son arrivée au début du mois, elle a rencontré Peter et... ils sont tombés fous amoureux l'un de l'autre ! Une vraie* romance, *mais dans quelques jours Peter partira et Sylvia en est déjà très affectée. Ils n'ont aucune chance de se revoir, avant les grandes vacances de l'année prochaine. C'est d'une tristesse...*

Mercredi 30 juillet

La journée a très, très mal commencé ! Ce matin, en appelant Hay Lin chez elle et en bavardant de choses et d'autres, j'ai appris qu'hier, Matt est sorti de l'animalerie avec cette super-antipathique de Jackie Gilligan ! Matt a eu un faible pour elle, alors... j'ai fait une crise de jalousie grave ! Plus tard, je me suis défoulée avec Sylvia, mais au lieu de nous remonter le moral l'une l'autre, nous avons déprimé encore plus. La joie, quoi !

Jeudi 31 juillet

Peter part demain et le moral de Sylvia est au plus bas. Pour essayer de la consoler, Jenny et moi lui avons parlé. En fait, c'est Jenny qui lui a parlé, parce que l'année dernière elle a vécu une situation similaire. Elle lui a dit quelque chose qui m'a semblé très juste...

LES FLIRTS D'ÉTÉ SONT EXALTANTS CAR ILS DONNENT AUX VACANCES UN TOUT AUTRE GOÛT. S'ILS NOUS RENDENT HEUREUSES, IL VAUT MIEUX, MALGRÉ TOUT, NE PAS TROP S'Y INVESTIR. TRÈS SOUVENT, TOUT S'ARRÊTE DÈS NOTRE RETOUR À LA MAISON. ALORS, UN BON CONSEIL : AVANT DE T'ARRACHER LES CHEVEUX, VÉRIFIE QUE L'HISTOIRE EST SÉRIEUSE !

On le comprend au bout de quelque temps. Souvent, le rêve s'évanouit, fond comme neige au soleil... Certaines histoires, en revanche, résistent à l'épreuve du temps et en ressortent renforcées. Si tel est le cas, il y a vraiment de quoi être super-heureux. *Quand on aime, la distance ne compte pas. On peut se téléphoner, s'envoyer des mails et des lettres... Sans compter qu'il y a aussi les vacances de Noël, celles de Pâques, etc. Parce que, si on le veut, les moyens de rester en contact ne manquent pas. J'ai l'impression que Sylvia a compris, parce qu'après elle avait l'air moins triste.*

Le cœur de KANDRAKAR te dit que...

L'été nous rend plus sensibles aux flèches de Cupidon. Toutefois, mieux vaut prendre les flirts d'été pour ce qu'ils sont, sans trop les idéaliser. Ce qui rendra la séparation moins douloureuse et moins triste le retour à la maison.

Parallèlement, garder une relation à distance est certes compliqué, mais pas impossible. Si vous avez des sentiments l'un pour l'autre, poursuivez sans crainte. Dans certains cas, ça ne résiste pas à l'épreuve du temps, mais dans d'autres on peut découvrir un sentiment profond. Quoi qu'il en soit, le plus important est de vivre la relation le plus sincèrement possible, tant vis-à-vis de l'autre que de soi-même.

Pour moi, en revanche, rien n'a changé. Je suis toujours sur les nerfs. J'ai appelé Matt sur son portable : coupé. Je lui ai envoyé un SMS : pas de réponse. Matt, où es-tu ? Et surtout… avec qui ?

Vendredi 1er août

Ah, quelle journée ! Pleine de surprises les unes plus belles que les autres. La première a été… Matt, lui-même en personne ! Ce matin, il est apparu devant moi sur la plage, tellement à l'improviste que j'ai failli tomber dans les pommes ! *Et là, j'ai découvert qu'il avait tout organisé depuis pas mal de temps et prévu de se faire héberger par un copain qui a une maison dans le coin. Bref, il va rester quelques jours !*
Et ce n'est pas tout. En parlant de choses et d'autres, il m'a même parlé de sa rencontre avec Jackie Gilligan : elle était passée au magasin acheter une tortue ! Je me suis sentie un peu idiote, avec ma crise de jalousie…
Du coup, je n'ai pas eu besoin de Jenny pour comprendre que…

QUAND ON AIME SINCÈREMENT, ON DOIT APPRENDRE À FAIRE CONFIANCE À L'AUTRE. ET SI ON SE SÉPARE QUELQUE TEMPS, SE RETROUVER EST ENCORE PLUS BEAU !

La dernière surprise est arrivée en fin d'après-midi : Peter reste plus longtemps *que prévu ! Il est arrivé à convaincre ses parents à prolonger leur séjour, comme ça Sylvia et lui pourront rester ensemble encore un peu. Et puis… advienne que pourra !*

Conseils de Witch

Quelques manières d'être près de lui, même si vous êtes loin.

- Appelle-le chaque soir (et prépare une bonne excuse pour les parents pour justifier la note de téléphone).
- Envoie-lui une tonne de mails (mais d'abord, assure-toi que, là où il est, il dispose d'un ordinateur).
- Regarde la lune et pense que lui aussi la regarde (sauf s'il se trouve aux antipodes).
- Demande-lui de t'envoyer plein de photos (récentes, de préférence).
- Envoie-lui des petits cadeaux par courrier (en évitant tout produit alimentaire périssable).
- Essaie de convaincre tes parents de t'envoyer en vacances près de l'endroit où il se trouve (à moins qu'il ne crèche dans le désert de Gobi…).

Chapitre **onze**

Vacances en ville

Journal d'Hay Lin

Samedi 9 août

Irma est à la montagne, Will et Cornelia à la mer, Taranee en Italie et moi… toute seule à Heatherfield. Les magasins sont fermés, les parcs déserts, les cinémas font relâche et tous les endroits que je fréquente habituellement avec les Witch fermés pour congés.

Et moi, alors ?

Dimanche 10 août

J'ai fait mes devoirs d'été. Tous, du premier au dernier. En juillet, Taranee et moi avions aidé Irma à combler ses lacunes en maths et en biologie, ce qui fait qu'il ne me restait plus que l'anglais. J'ai terminé le livre (quelques chapitres que j'ai lus en deux secondes !), j'ai fait la fiche du résumé et… hop, on n'en parle plus ! En un après-midi, j'avais tout terminé. Fantastique, mais… qu'est-ce que je vais faire, demain ? Au secours !

Lundi 11 août

J'ai commencé par zapper un peu devant la télé, mais il n'y avait vraiment rien d'intéressant. D'un ennui mortel. Plus tard, mon cousin Chang m'a proposé de jouer au freesby avec lui. Ce que j'ai fait, mais au bout d'une demi-heure j'étais en nage et j'en avais marre. J'ai laissé tomber aussi. Une fois rentrée à la maison, j'ai cherché l'inspiration pour dessiner un peu, mais les résultats n'étaient franchement pas fameux. Je m'ennuie ! *Heureusement que la journée touche mollement à sa fin… Le problème, ce sont toutes celles qui restent à venir !*

Mardi 12 août

Aujourd'hui, je suis allée au Garden Plaza, là où habite Cornelia : les volets des immeubles étaient inexorablement fermés. J'ai emprunté Fletcher Street pour descendre sur les quais et aller m'asseoir sur mon banc habituel, face au pont. Personne à l'horizon. Au bout d'un moment, un groupe de touristes étrangers a surgi de je ne sais où ! L'un d'entre eux s'est approché et m'a demandé où se trouvait le monument à Bryan Calwin. J'ai commencé par le lui expliquer (il est place Sunders), mais je me suis vite rendu compte que le trajet était un peu compliqué…

Drôles de WITCH

Réponses amusantes à toutes les questions

En ville, en été, quel est le film à éviter à tout prix dans un cinéma en plein air ?

« Chantons sous la pluie », bien sûr.

Quelle est la plus belle chose d'une ville en été ?

L'école. Fermée.

Quel musée visiter au mois d'août ?

Celui qui a la climatisation la plus performante.

Pourquoi les villes se vident en été ?

Parce qu'il y a toujours un malin qui retire le bouchon...

Je leur ai donc proposé de les accompagner (de toute façon, je n'avais rien à faire !). En bavardant pendant le trajet, j'ai découvert – Ô, surprise ! *– qu'Heatherfield est connue et réputée à l'étranger en tant que destination touristique… ce qui ne m'avait jamais effleuré l'esprit ! On peut donc vivre dans une ville, sans la connaître véritablement et en ignorant ce qu'elle offre comme attraits. Au bout d'une demi-heure de marche, nous avons fini par atteindre la place.*
Pendant que le groupe photographiait le monument, je me suis assise sur un banc pour me reposer. Ils m'ont alors demandé si le Muséum d'Histoire naturelle était loin et… là, j'avoue que je suis tombée des nues ! J'ignorais même qu'il y en avait un à Heatherfield ! Grâce au guide touristique de l'un d'entre eux, j'ai compris où il se trouvait et j'ai pu leur indiquer le chemin, mais je me suis surtout rendu compte du fait que je vis dans une ville dont j'ignore tout. *Je suis rentrée à la maison avec une super-idée en tête…*

Mercredi 13 août
Matin

Aujourd'hui je pars en vacances. Des vacances d'explorateur, aventureuses et culturelles. J'ai décidé de mieux connaître Heatherfield.
Je suis équipée comme une vraie touriste : vélo, petit sac à dos, appareil photo, sandwich et bouteille d'eau.

AUJOURD'HUI, J'AI COMPRIS QUELQUE CHOSE QUI PEUT PARAÎTRE PARADOXAL À PREMIÈRE VUE... MA PROPRE VILLE EST UN LIEU DE VACANCES ET RENFERME DES BEAUTÉS SECRÈTES QU'IL NE TIENT QU'À MOI DE CONNAÎTRE !

J'ai donc décidé de toutes les découvrir ! J'ai fait un petit programme des sites à visiter et d'ici la fin du mois... je n'ai pas une minute de libre !

Soir

*Whaoû, quelle journée ! J'ai visité le Muséum d'Histoire naturelle, puis quelques sites très importants sur le plan historique, d'après mon guide touristique. Sur place, j'ai trouvé une petite boutique de souvenirs (*ouverte, *par miracle !) dans une ruelle minuscule, même pas marquée sur le plan. J'ai acheté des petits cadeaux pour les copines et j'ai même envoyé des cartes postales en choisissant volontairement les plus bizarres... Je suis curieuse de voir si les destinataires reconnaîtront leur propre ville !*

Conseils de Witch

Cinq bonnes raisons qui font que rester en ville en été n'est pas un drame !

- Imagine que ce n'est pas ta ville, mais une autre. Toute une ville à découvrir.
- Tu es sûre de trouver une place assise dans les transports en commun.
- Il y a si peu de circulation que rouler à vélo est particulièrement agréable et pas dangereux.
- Tu as pensé à faire bronzette sur ton balcon ?
- Les pistes de rollers sont entièrement à ta disposition !

Chapitre **douze**

Il y a aussi les devoirs...

VIE DE WITCH

Mercredi soir, plage de Cape Seagull

C : Oh, quelle émotion ! J'ai hâte d'être à demain.

Maman : Que se passe-t-il ? Pourquoi tant d'agitation ?

C : Tu ne sais pas ? Tout le monde en parle pourtant. . Demain soir, se tiendra sur la place le concert des Screaming Kids, le groupe de William Robbins !

Ça va être génial !

Il y aura un monde fou. Pour avoir de bonnes places, il faudra y être dès le début de l'après-midi. Ce sera fatigant, mais ça en vaut la peine. .

M : Un instant, Cornelia. À ton tour de ne pas oublier que demain tu avais prévu de terminer tes devoirs.

C : Oh, non ! J'avais oublié ! Mais il n'y a pas de problèmes, je m'y mets dès après-demain.

M : Je ne suis pas d'accord, chérie. Tu as commencé par travailler un peu tous les jours, ce qui est très bien, mais depuis des semaines tu ne fais que reporter au lendemain. Maintenant ça suffit.

C : C'est-à-dire ?

M : C'est-à-dire que dans une semaine nous rentrons à la maison et dans dix jours tu reprends l'école. Qu'est-ce qu'il te reste comme matières ?

C : J'ai fini l'anglais, et l'histoire-géo. . il me manque les maths et les sciences naturelles.

M : Les matières les plus dures, justement. Il faut donc que tu te mettes tout de suite au travail. Je ne veux pas que tu fasses les choses à la dernière minute et mal, par conséquent.

C : Je te promets que je les ferai, mes devoirs ! Qu'est-ce que ça change un jour de plus ?

M : Probablement pas grand-chose, mais tu avais promis de travailler une heure tous les jours et tu ne l'as pas fait. Il est grand temps que tu rattrapes ton retard.

C : Maman, je t'en prie. . juste pour cette fois !

M : Non, Cornelia, je suis désolée. Si ce concert était si important pour toi, il fallait y penser avant.

Face à la fermeté de sa mère, Cornelia se lève furieuse et quitte la plage au pas de charge.

C : Ce n'est pas juste ! Ce n'est pas juste du tout !

Lilian : Corny, tu vas où ? Reviens !

M : Laisse-la, Lilian. Tu connais ta sœur. . Quand elle est énervée, il vaut mieux la laisser tranquille. Il lui faut un peu de temps. Ça va lui passer, tu verras !

Peu de temps après, Cornelia croise ses copines et après les avoir mises au courant...

Sandra : Quel dommage ! Tu es sûre que ta mère ne changera pas d'avis ?

C : Sûre et certaine. Dans certains domaines, elle est intraitable.

Jamie : Quelle plaie, les devoirs de vacances ! Moi aussi, je devrais m'y mettre, mais je n'en ai aucune envie !

C : À qui le dis-tu ! Sur la plage, comment veux-tu avoir envie de travailler ?

C'est impossible !

C : Tout bien réfléchi. .

La meilleure façon de se libérer des devoirs de vacances, c'est justement de les faire petit à petit. Se retrouver avec tout à faire à la fin des vacances, c'est l'horreur !

J : En effet. J'aurais dû profiter des journées de mauvais temps, quand on ne pouvait pas sortir.

Bref, exploiter les « trous » des vacances, quand on ne sait pas quoi faire… Quitte à s'ennuyer, autant faire ses devoirs !

C : C'est vrai. Mais il fallait y penser avant. Maintenant, pour le concert, c'est fichu. .

S : Courage, Corny. Il y en aura d'autres !

C : C'est ce qu'il faut se dire. .

Deux jours plus tard, sur la terrasse de la maison, Cornelia est aux prises avec ses devoirs pendant que sa mère lit le journal.

M : Tiens, tiens. . intéressant comme nouvelle !

C : Plus tard, maman, s'il te plaît. Laisse-moi terminer mon équation.

M : D'accord. Préviens-moi quand tu auras fini.

Un peu plus tard.

C : Ça y est. Les maths c'est fini. Il ne me reste plus que quelques chapitres de sciences nat à réviser.

M : Tu as bien avancé, alors !

C : Oui, je crois. Encore quelques heures demain et après-demain, et j'aurai tout fini.

M : C'était si épouvantable que ça ?

C : Non, bien sûr. . J'avais surtout du mal à remettre le nez dans mes livres. Mais une fois dépassé le « traumatisme initial », ç'a été. J'avoue que laisser en dernier les matières les plus dures n'était pas une bonne idée. .

M : Quoi qu'il en soit, dans trois jours tu en seras dégagée. Quant au concert. .

C : Je crois que je survivrai même sans l'avoir vu.

WITCH JOURNAL

CINQ TUYAUX POUR SE MOTIVER À FAIRE LES DEVOIRS

W : Je pense à la baignade que je vais m'accorder en fin d'après-midi.

I : Je m'offre une friandise à la fin du travail.

M : Et tu « survivras » même mieux quand tu l'auras vu. .

C : Je ne comprends pas. .

M (en lisant le journal) : « Après le succès rencontré à Cape Seagull, Will Robbins et les Screaming Kids se produiront à nouveau exceptionnellement dans notre région. Rendez-vous dans quatre jours au *Palasplash* de Silver Beach... »

C : Comment ?

M : Tout ça pour dire que je serais ravie que tu y ailles. . à condition, bien sûr, que tu aies terminé tes devoirs !

C : Tu peux y compter ! Passe-moi le livre de sciences nat, s'il te plaît. Je suis tellement motivée que je pourrais presque entamer le programme de l'année prochaine !

H Je téléphone aux copines pour qu'elles me donnent du courage.

T Je ferme les rideaux et j'imagine qu'il pleut des cordes.

C Je travaille dans un bel endroit en plein air.

Conseils de Witch

Six tuyaux pour survivre aux devoirs de vacances.

- Prévois un programme de travail et essaie de t'y tenir.
- Mieux vaut travailler peu, régulièrement, qu'énormément, deux jours avant la rentrée.
- De temps en temps, accorde-toi quelques exceptions à la règle (mais n'oublie pas de rattraper le temps perdu).
- Trouve une camarade avec laquelle travailler. À deux, c'est plus motivant !
- À mi-parcours des vacances, accorde-toi quinze jours d'affilée « sans devoirs »...
- Commence chaque séance de travail par quelque chose de facile, histoire de te « chauffer », poursuis par des matières plus dures, révise l'ensemble et termine par... une superbe baignade !

Chapitre **treize**

Photos souvenir

VIE DE WITCH

Extrait du Sheffield News, premier numéro de la nouvelle année scolaire

Reportage de vacances

Chères lectrices, chers lecteurs, nous voilà de retour ! Une nouvelle et fantastique année scolaire vient de commencer. Alors, pour nous mettre le pied à l'étrier, rien de tel que de rappeler les bons souvenirs de l'été. Au lieu de pleurer sur notre triste sort, amusons-nous à regarder les photos de vacances gentiment prêtées par leurs propriétaires (ou… habilement soutirées à ceux-là mêmes par nos rédactrices de choc). Mots d'ordre : gaieté et optimisme. Au fond, il manque seulement neuf mois aux grandes vacances de l'année prochaine.

Bonne rentrée à tous !

La rédaction
(Irma, Cornelia, Hay Lin, Taranee et Will)

Matt et Eric s'apprêtent à affronter les vagues. (En réalité... les planches ne seront utilisées que pour la photo !).

Les sœurs Grumper, collaboratrices appréciées de notre journal pour leur apport en ragots et méchancetés en tout genre, font du camping sur le site de Green Mountain Park.

Les vacances aventureuses de notre Martin national, ici surpris sur sa fougueuse monture sur les pistes du Far West.

Uriah et sa bande de valeureux sur le ferry qui les conduit à Sunny Island. Leurs derniers mots au port : « Mal de mer, nous ? C'est un truc de mauviettes ! »

Et pour finir... Nous voilà toutes les cinq !

Test

C'est moi qui organise les vacances !

Découvre si tu serais capable d'organiser des vacances pour toi et ta famille...

Comment choisis-tu votre destination ?

A Pas besoin de choisir, on verra bien où on a envie d'aller !
B En tenant compte des souhaits de chacun.
C En étudiant attentivement les dépliants des agences de voyage.
D Tu cherches un site ultra chic pour nababs.

Demandes-tu de l'aide à quelqu'un ?

A Tu ne saurais pas à qui. .
B Sans demander de l'aide, tu tiens compte de l'expérience des autres.
C Sûrement pas ! Tu n'as besoin de personne.
D Oui, aux meilleurs tour-opérateurs.

Que mets-tu dans ta valise ?

A Valise ? Quelle valise ?
B Un change par jour et par soirée.
C Tout ce que tu as listé sur papier.
D Rien. Tout acheter sur place fait partie des vacances.

Comment allez-vous atteindre votre destination ?

A Comme ça vient. Il n'y a pas de problèmes.

B De manière que le voyage lui-même soit agréable.

C En suivant un programme rigoureux qui prévoit horaires et correspondances.

D En croisière, à bord d'un paquebot de luxe.

À votre retour, tu aimerais que tes parents disent...

A « Ouf, heureusement nous avons retrouvé les clefs de la maison ! »

B « Malgré quelques accidents de parcours, nous nous sommes bien amusés. »

C « Quelle organisation sans faille ! »

D « Quelles vacances de rêve ! Géniales ! Inoubliables ! »

As-tu prévu le budget en fonction du type de vacances choisi ?

A Quel budget ?

B Oui.

C Prévu et calculé dans le moindre détail.

D Non.

Que ferez-vous, une fois arrivés à destination ?

A Aucune idée. On décidera au fur et à mesure.

B Tu n'as certes pas tout organisé. . Juste deux ou trois sorties tous ensemble.

C Tu as prévu un programme détaillé de visites et de loisirs, à suivre point par point.

D Chacun aura à son service un secrétaire particulier chargé d'organiser les sorties selon ses désirs.

Comment ça se passe ?

Découvre le résultat de tes efforts organisationnels.

Majorité de A

Comme ça vient…

Vous vous réveillez sous une pluie diluvienne, partez en voiture et restez piégés dans un embouteillage monstre. Vous arrivez « quelque part » en pleine nuit et vous décidez de vous y arrêter. Au bout de recherches épuisantes, vous trouvez enfin une chambre d'hôtel, mais pendant votre sommeil on vous vole la voiture. Faire du stop reste le seul moyen de poursuivre le voyage…

Résultat : Après le stress des vacances, les parents font une crise et décident de te déshériter.

Majorité de B

Joyeux mélange

Pas mal… Certes, il y a eu quelques impairs, mais grosso modo tu as su faire face. Tes parents et toi avez pu vous reposer et vous amuser. Tu as pensé à tout le monde, sans rien imposer à personne. Tu es une bonne organisatrice et, en plus, tu as bon caractère.

Résultat : Des bonnes vacances. Tu t'en es très bien sortie. Petite question… Le test, tu l'as fait toute seule ou tu as copié les réponses de maman ?

Majorité de C

Total contrôle

Tout s'est passé comme tu en avais décidé, il n'y a pas eu le moindre imprévu sauf que... ton papa ne s'est pas beaucoup amusé au cours de maquillage, ta maman réclamait un peu de repos et ton petit frère n'arrêtait pas de pleurer. Et dire que tu t'es consacrée corps et âme à l'organisation de ces vacances, sans rien laisser au hasard...

Résultat : L'année prochaine, tes parents ont réservé une période de repos dans une maison d'arrêt. Il paraît que les « animateurs » sont bien plus souples et compréhensifs que toi...

Majorité de D

Chic et choc !

Extraordinaire ! Tout le monde a été séduit par tes choix : séjour dans des palaces 120 étoiles, secrétaires particuliers, shopping dans les boutiques les plus luxueuses, etc. Le luxe te réussit à merveille !

Résultat : Vos comptes sont à découvert ! Tes parents sont obligés de vendre tous leurs biens pour payer les notes des vacances... Pour eux, ça restera des vacances inoubliables à plus d'un titre.